COLLECTION

DE

M. ALEXANDRE

ÉVENTAILLISTE

ÉVENTAILS

AQUARELLES & DESSINS

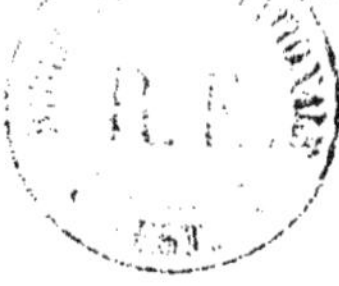

CATALOGUE

DES

ÉVENTAILS

PEINTS PAR

LES PRINCIPAUX ARTISTES MODERNES

AQUARELLES & DESSINS

COMPOSANT LA COLLECTION

DE

M. ALEXANDRE

ÉVENTAILLISTE

DONT LA VENTE AURA LIEU

HOTEL DROUOT, SALLE N° 1

Les 12, 13 et 14 Mai 1875,

À DEUX HEURES.

Par le Ministère de Me CHARLES PILLET, Commissaire-Priseur,
10, rue de la Grange-Batelière;

Assisté de M. DURAND-RUEL, Expert, 16, rue Laffitte,

Chez lesquels se trouve le présent Catalogue.

EXPOSITIONS : { PARTICULIÈRE : le Lundi 10 Mai 1875,
{ PUBLIQUE : le Mardi 11 Mai 1875,

DE UNE HEURE A CINQ HEURES.

CONDITIONS DE LA VENTE.

Elle sera faite au comptant.

Les adjudicataires payeront *cinq pour cent* en sus des enchères.

Paris. Imp. de Pillet fils aîné, rue des Grands-Augustins, 5.

DÉSIGNATION

FEUILLES D'ÉVENTAILS

AMAN

1 — Fête champêtre.

Aquarelle.

2 — Les plaisirs de la campagne.

Paysage par ALLONGÉ.
Aquarelle.

ANTIGNA

3 — Le Printemps, l'Été et l'Automne.

> Paysage par SUISSE.
> Peinture à l'huile sur taffetas.

4 — Les trois âges.

> Peinture à l'huile sur taffetas.

BALZE

(R.)

5 — Diane et Endymion.

> Aquarelle d'après la composition de M. Ingres.

BARON

(HENRI)

6 — Fête dans un parc.

> Aquarelle.

7 — Le rêve d'une jeune fille.

Aquarelle.

8 — Harmonie.

Aquarelle.

BARON

(STEPHAN)

9 — Un Rêve d'amour.

Aquarelle.

10 — La Musique.

Aquarelle.

BAYALOS

11 — Le Premier pas. Costumes napolitains.

Grisaille.

12 — Gondoles à Venise.

Aquarelle.

13 — Retour du Pêcheur. Environs de Naples.

Aquarelle.

BEAUMONT

(E. DE)

14 — Un mois d'amour.

Trente-et-une figures.
Peinture à l'essence.

15 — Le Batelier.

Aquarelle sur soie.

16 — La Présentation.

Aquarelle sur soie.

17 — Personnages Louis XV.

Aquarelle sur soie.

18 — La Danse.

Aquarelle sur soie.

19 — L'Indiscret.

Aquarelle sur soie.

20 — Bal champêtre.

Aquarelle sur soie.

21 — La Danse.

Aquarelle sur soie

22 — Le Tir à l'arc.

Aquarelle sur soie.

23 — La Rencontre.

Aquarelle sur soie.

24 — Les Cerises.

Ornements par E. MOREAU.
Aquarelle sur soie.

25 — Promenade.

Aquarelle sur soie.

BESSON

(FAUSTIN)

26 — Un Repas sur l'herbe.

Peinture à l'huile sur taffetas.

BILLOTTE

27 — Le Premier pas.

Peinture à l'huile sur taffetas.

BLANCHARD

28 — Danseurs espagnols.

Aquarelle.

BOUCHARDY

29 — Triomphe de Flore.

Aquarelle.

CALAMATTA

(Mme J.)

30 — Le Triomphe de Vénus.

D'après BOUCHER.

Aquarelle.

COUDER

(ALEXANDRE)

31 — Fleurs et fruits.

Aquarelle sur soie.

CRONN

32 — Un Concert d'Amours.

Aquarelle.

DELACROIX

(AUGUSTE)

33 — Une Noce bretonne.

Aquarelle.

DONZEL

34 — Les Vendanges.

Aquarelle.

DUBOULOZ

35 — L'Amour, chef de brigands.

Aquarelle.

DUMARESQ

(ARMAND)

36 — Promenade au Bois de Boulogne.

Aquarelle.

ESBENS

37 — L'Improvisatrice italienne.

D'après GENDRON.
Aquarelle.

FONTAINE

38 — Fleurs.

Aquarelle.

FOSSEY

39 — Jeux d'Enfants.

Aquarelle sur soie.

FRAGONARD

(THÉOPHILE)

40 — Un rendez-vous.

Aquarelle sur soie.

41 — La sérénade.

· Aquarelle.

42 — Repas champêtre.

Aquarelle.

43 — Toilette de Vénus.

Aquarelle.

44 — Après la Vendange.

Aquarelle.

45 — Un Repas à Venise.

Aquarelle.

46 — La Vie au château.

Aquarelle.

FRANÇAIS

47 — Cascades de Tivoli.

Aquarelle.

FROMENT

48 — Les Victimes de l'amour.

Aquarelle.

49 — La Cueillette des cœurs.

Aquarelle.

GEFFROY

50 — Personnages des comédies de Molière.

Peinture à l'huile sur taffetas.

GENDRON

51 — L'Improvisatrice italienne.

Peinture à l'huile.

52 — Les Fleurs animées.

Peinture à l'huile sur taffetas.

GUDIN

(PAULINE)

53 — Marine.

Aquarelle sur soie

GUIAUD

54 — Vues de Venise.

Cinq aquarelles sur la même feuille.

55 — Palma (Ile Majorque). La Tour de l'Or, à Séville. Vue d'Almanza.

Cinq aquarelles sur la même feuille.

HAMON

56 — La Musique.

Aquarelle.

HOUSSOULIER

(W.)

57 — La Fontaine de Jouvence

Aquarelle.

INGRES

58 — Diane et Endymion.

Dessin.

JULIENNE

59 -- Un quadrille.

Aquarelle et gouache,

60 — La Toilette de la Fiancée.

Aquarelle et gouache.

LAMI

(EUGENE.)

61 — Un Bal à l'Opéra.

Aquarelle.

62 — La Fontaine de Jouvence.

Aquarelle.

63 — Projet d'éventail exécuté pour S. M. l'Impératrice de Russie.

Aquarelle.

LELEUX

(Mme ÉMILIE.)

64 — Danse champêtre.

Aquarelle.

LEVY

(E.)

65 — La Lutte.

Aquarelle.

LUMINAIS

66 — Le Rêve d'un paysan.

Aquarelle.

MONTPÉZAT

(Comte DE)

67 — La reine d'Angleterre et le prince Albert en promenade à Hydepark.

Aquarelle.

MOREAU

(E.)

68 — Les fiancés Style florentin.

Aquarelle.

69 — Un Tournoi, au moyen âge.

Aquarelle.

70 — Le Repas, le Bal, la Chasse.

Trois sujets sur la même feuille.
quarelle.

MULSILL

(Aîné)

71 — Fleurs et paysage.

Aquarelle sur soie.

NANTEUIL

(CÉLESTIN)

72 — Renaud et Armide.

Aquarelle.

OUVRIÉ

(J.)

73 — Vues de Hollande et des bords du Rhin.

Cinq aquarelles sur une feuille.

74 — Vues de Hollande et des bords du Rhin.

Cinq aquarelles sur une feuille.

PARMENTIER

75 — La Musique.

Aquarelle.

PERRACHON

76 — Fleurs.

Aquarelle sur soie.

PETIT

77 — Roses églantines.

Aquarelle sur soie

78 — Une feuille ancienne, genre Boucher.

PICOU

79 — Les Apprêts du bal.

Peinture à l'huile sur taffetas.

80 — Marchande de pommes d'or.

Aquarelle sur soie.

81 — Le Printemps.

Peinture à l'essence.

PROVOST

82 — Chasse au cerf.

Dessin.

REIGNIER

83 — Fleurs de printemps et camées.

Aquarelle.

84 — Le Mirage des roses.

Aquarelle.

85 — Les Voleurs de roses.

Aquarelle.

86 — Fleurs et fruits.

Paysage par ALLONGÉ.
Aquarelle.

ROUSSEAU

(THÉODORE.)

87 — Paysage avec animaux.

Dessin.

SOLDE

88 — Séduction.

Aquarelle avec médaillons, par Mme J. CALA-MATTA.

89 — Les Amateurs d'éventails, costumes Louis XV.

Aquarelle.

90 — Le Théâtre de la sagesse.

Aquarelle avec médaillons, par Mme J. CALA-MATTA.

TRAYER

91 — Le Portrait de la grand'mère.

Peinture à l'essence sur soie.

VIDAL

92 — Le Nouveau-né.

Paysages par ALLONGÉ.
Aquarelle.

93 — Colin-maillard.

Aquarelle.

VOILLEMOT
(A.)

94 — La Lettre d'amour.

Aquarelle sur soie.

WATTIER

(E.)

95 — La Charité.

>   Aquarelle.

96 — Une Loge à l'Opéra.

>   Aquarelle.

97 — Sujet mythologique.

>   Dessin.

98 — La Déclaration.

>   Aquarelle.

VEYRASSAT

99 — Retour des moissonneurs.

> Aquarelle.
> Sur la même feuille, deux paysages par ALLONGÉ.

100 — La Journée d'un paysan.

> Sept aquarelles sur la même feuille.

---

101 à 118 — Dix-huit feuilles anciennes du temps de Louis XV.

> Très-rares et n'ayant jamais été montées.

119 à 130 — Douze feuilles de dessins de montures d'éventails.

> Par Ch. Rambert, Ed. Moreau, Lepec, Riester, Em. Wattier.

AQUARELLES & DESSINS

ALLONGÉ

131 — Paysage.

> Aquarelle.

ANDRIEUX

132 — Le Ménétrier.

> Aquarelle.

BARON
(HENRI)

133 — Jeunes filles à la fontaine.

> Aquarelle.

340 -

134 — Intérieur.

> Aquarelle.

185.

135 — Le Joueur de mandoline.

> Aquarelle.

270.

136 — Bal champêtre.

> Aquarelle.

137 — Les Convoitises de Pierrot.

> Aquarelle.

295.

138 — L'Infièle.

> Aquarelle.

315.

139 — Les Apprêts de la chasse.

> Aquarelle.

140 — Le Passage du ruisseau.

Aquarelle.

141 — La Couronne de fleurs.

Aquarelle.

142 — Le Hamac.

Aquarelle.

BARON

(STEPHEN)

143 — Faust et Marguerite.

Aquarelle.

144 — Le Sérail.

Aquarelle.

BARYE

145 — Lion assis.

Aquarelle.

BEAUMONT

(E. DE)

146 — Le Labourage

Aquarelle.

147 — Petite mère.

Aquarelle.

148 — Le Berceau.

Aquarelle.

149 — Le Faune.

Aquarelle.

150 — La Musique.

Aquarelle.

151 — Dites s'il vous plaît.

Aquarelle.

BELLANGÉ

152 — Le Retour du zouave.

Décoration par E. Moreau.
Aquarelle.

153 — Grenadier de la garde impériale.

Aquarelle.

BLANCHARD

154 — La Danse. Costumes du Caucase.

Aquarelle.

155 — Paysans russes.

Aquarelle.

BOULANGER

(G.)

156 — La Captive.

Dessin.

157 — Vengeance de l'Amour.

Dessin.

158 — Il ne faut pas jouer avec l'amour.

Dessin.

BRION

159 — La Souricière.

Aquarelle.

BROWN

(JOHN LEWIS)

160 — Chevaux en liberté.

Aquarelle.

161 — Une Course de chevaux.

Aquarelle.

162 — Piqueur et palefrenier.

Aquarelle.

163 — Garde-chasse au repos.

Aquarelle.

164 — Chevaux dans une écurie.

Aquarelle.

CHAPLIN

165 — Le Bain.

Aquarelle.

166 — L'oiseau envolé.

Aquarelle.

COUTURE

(T.)

167 — Pierrot devant le tribunal.

Aquarelle.

ESBENS

168 — Offrande à l'Amour.

Aquarelle

FAIVRE

(TONY)

169 — La Leçon de flûte.

Aquarelle.

FRANÇAIS

170 — Bougival.

Aquarelle.

171 — Croissy.

Aquarelle.

GÉROME

172 — Une Chinoise.

Dessin.

GIMBEL

173 — Les Bûcherons

Aquarelle.

174 — La Jardinière.

Aquarelle.

175 — La Bouquetière.

Aquarelle.

ISABEY

(E.)

400 **176 — Barques à marée basse.**

Aquarelle.

410 **177 — Barques de pêcheurs.**   *Bouquet*

Aquarelle.

355 **178 — Un Coup de vent en mer.**

Aquarelle.

LEBAS

(H.)

179 — Paysage.

Aquarelle.

LÉVY

(ÉMILE)

180 — L'Amour et Psyché.

Dessin rehaussé.

LORSAY

(EUSTACHE)

181 — Un concert sous Louis XV.

Aquarelle.

182 — Un souper sous Louis XV.

Aquarelle.

MAZEROLLES

183 — Jeune fille.

Dessin.

MOREAU

(ÉDOUARD)

184 — Déclaration d'amour.

Aquarelle.

MOREAU

(ÉDOUARD)

185 — Les Joies de la famille.

Aquarelle.

NANTEUIL

(CÉLESTIN)

186 — Chasseurs au repos.

Aquarelle.

187 — Un Cours d'eau dans les rochers.

Aquarelle.

OUVRIÉ

(JUSTIN)

188 — Vue de Hollande.

Aquarelle.

189 — Vue de Suisse.

Aquarelle.

190 — Vue de Hollande.

Aquarelle.

PALIZZI

191 — Le Chevrier.

Aquarelle.

192 — Vaches. Soleil couchant.

Aquarelle.

193 — Chèvres.

Aquarelle.

REIGNIER

194 — Camélias.

Aquarelle.

195 — Fleurs et fruits.

Ornements par JULIENNE.
Aquarelle.

1 — Roses.

Aquarelle.

197 — Oiseaux et fleurs.

Ornements par JULIENNE.
Aquarelle.

198 — Fontaine entourée de fleurs.

Décoration par JULIENNE.
Aquarelle.

199 — Marguerites.

Aquarelle.

200 — Lilas et roses.

Aquarelle.

201 — Le Tombeau de l'Amour.

Décoration par L. MOREAU.
Aquarelle.

SOLDÉ

202 — L'Entrée à Cythère.

>   Décoration par L. MOREAU.
>   Aquarelle.

203 — Florentin et sa fiancée.

>   Aquarelle.

204 — L'Amour médecin.

>   Décoration par E. MOREAU.
>   Aquarelle.

VEYRASSAT

(J.)

205 — Moissonneurs.

>   Aquarelle.

206 — Le Repas des moissonneurs.

Aquarelle.

207 — Retour au village.

Aquarelle.

VIDAL

208 — Enfants jouant aux bulles de savon.

Aquarelle.

209 — Enfants jouant au cerceau.

Aquarelles.

VOILLEMOT

(CH.)

210 — Zéphyr.

Aquarelle.

211 — Discorde.

Aquarelle.

212 — Chagrin d'amour.

Aquarelle.

213 — Le Messager.

Aquarelle.

214 — L'Amour en visite.

Aquarelle.

215 — L'Amour tenant son flambeau.

Aquarelle.

WATTIER

216 — Un combat dans l'Olympe.

    Aquarelle.

217 — Dessins représentant les quatre saisons.

WILD

218 — Venise. Effet de lune.

    Ornements par E. MOREAU.
    Aquarelle.

219 — Venise le soir.

    Aquarelle.

ZIEM

220 — Venise.

Aquarelle.

221 — Constantinople.

Aquarelle.

ÉVENTAILS MODERNES

MONTURES RICHES

222 — Éventail en nacre garni de bijouterie or et
rubis, avec émaux sur or par SOLLIER.
Sujet de la feuille :

L'Amour et Bacchus, miniature de Paul HERVY,
d'après GENDRON.

Envers de l'éventail, belle gouache par Hippolyte BALLUE : forêt d'Amérique.

223 — Éventail en ivoire, avec peintures par
E. MOREAU.
Sujet de la feuille :

Le Contrat, par MM. GIMBEL, d'après WATTEAU.

224 — Eventail, monture en ivoire sculpté.
Sujet de la feuille :

> Les fleurs animées. par Paul HERVY, d'après GENDRON.

225 — Éventail en nacre sculptée, endroit et envers peints par Mme CALAMATTA, d'après E. WATTIER.
Sujet de la feuille :

> L'Aurore ouvrant les portes du ciel pour faire entrer le char du Soleil.

226 — Eventail en écaille avec bijouterie en or sur les panaches.
Sujet de la feuille :

> Vue de Gênes, exécutée par WILD.

227 — Monture en ivoire, sculpté d'après la composition de Charles RAMBERT, avec panaches garnis de bijouterie or et rubis.

228 — Monture en ivoire sculpté, avec bijouterie or et pierres. Sculpture par NOREST.

229 — Monture en nacre sculptée, avec quatorze
médaillons. Panaches, bijouterie en or.

Deux émaux peints par SOLLIER.

230 — Monture en ivoire sculpté, avec panaches
en bijouterie argent doré, par WIECSÉ, d'après
les dessins de LIÉNARD.

231 — Monture ivoire, garnie de panaches, bijouterie en vermeil et perles fines.

232 — Monture ivoire, avec peinture par E. Mo-
REAU. Panaches en or ciselé.

233 — Monture ivoire, avec peinture par MUSSILL.

Six médaillons Lapis, avec fleurs de lys en or.

234 — Monture ivoire, avec peinture par E. Mo-
REAU, représentant la signature du contrat.

235 — Grande monture ivoire, avec panaches
sculptés d'après les frères FANNIÈRE.

236 — Monture en ivoire sculpté, avec peinture par MOREAU, représentant une scène de mariage.

237 — Monture en ivoire, avec peinture par MOREAU, trois médaillons.

238 — Monture sculptée en ivoire, d'après les dessins de LIÉNARD.

239 — Monture en ivoire sculpté, avec appliques de nacre, d'après les dessins de RIESTER.

240 — Monture sculptée en ivoire, d'après les dessins d'ALEXANDRE, panaches de LIÉNARD.

241 — Monture en ivoire sculpté, style florentin, d'après les dessins de MOREAU.

242 — Éventail napolitain en ivoire sculpté, avec personnages sculptés par CHALUMAUX.

243 — Un éventail en ivoire sculpté avec découpure fine.

244 — Monture napolitaine en ivoire avec panaches sculptés, à écussons pour chiffres.

245 — Monture du même genre, à écussons pour chiffres.

246 — Éventail ivoire avec découpure fine et peinture de fleurs, panaches sculptés.

247 — Une grande monture ivoire avec appliques en nacre noire et nacre blanche sculptées, par VALMOUR.

248 — Deux éventails ivoire avec le mot *amitié* sculpté sur les panaches.

249 — Monture ivoire sculpté, style BOUCHER.

250 — Monture nacre sculptée, style Louis XV, sculptée par ALOUÏSE, d'après les dessins de SOLDÉ.

251 — Éventail écaille, amours et fleurs peints
sur soie.

252 — Monture en nacre sculptée, d'après les
dessins de JULLIENNE.

253 — Monture en nacre sculptée, avec médaillons peints par FRANCO.

254 — Monture en nacre sculptée, d'après les
dessins d'ALEXANDRE.

255 — Monture en nacre sculptée, d'après les
dessins d'ALEXANDRE, avec appliques en nacre
noire sur les panaches.

256 — Riche monture en nacre sculptée.

257 — Monture en nacre sculptée, style
Louis XV.

258 — Monture forme poignard en nacre sculptée,
d'après les dessins d'Edouard MOREAU.

259 — Éventail en nacre, peinture, imitation d'é-
mail genre ancien.

ÉVENTAILS ANCIENS

MONTÉS

260 — Éventail en ivoire, vernis Martin.

Moïse frappant le rocher.

261 — Éventail en ivoire, vernis Martin, genre
Boucher.

262 -- Un éventail ivoire avec peinture, double
face.

263 — Eventail ivoire, ancien Japon, avec peintures.

264 — Éventail ancien en nacre sculptée. Belle
peinture ancienne.

265 — Éventail ancien en nacre sculptée.
Sujet de la feuille :

Le Jugement de Pâris.

266 — Éventail ancien en nacre sculptée et dorée.
Belle peinture ancienne.

267 — Eventail ancien, en nacre sculptée et
dorée.

Sujet de la feuille :

Moïse sauvé des eaux.

268 — Eventail en nacre sculptée et dorée; peinture ancienne, genre BOUCHER.

269 — Eventail ancien, en nacre sculptée et dorée.
Belle peinture ancienne.

270 — Éventail ancien, en nacre sculptée et
dorée.

Sujet de la feuille :

Le Retour de l'Enfant prodigue.

271 — Éventail ancien, en nacre sculptée et
dorée.

Peinture ancienne.

272 — Éventail ancien, en nacre dorée et sculptée.
Sujet de la feuille :

Le Portrait de la marquise.

273 — Un éventail en écaille.
Sujet de la feuille :

Pastorale.

274 — Éventail ancien en écaille. Belle peinture
du temps.

275 — Monture ancienne du temps de Louis XV,
en nacre dorée et sculptée, avec panaches,
bijouterie en or.

276 — Monture ancienne en nacre sculptée et
dorée.

277 — Belle monture ancienne en nacre sculptée
et dorée.

278 — Éventail, en nacre dorée et sculptée, monture ancienne, avec feuille moderne, copiée
d'après WATTEAU.

279 — Éventail, monture ancienne, avec feuille
moderne.

280 — Un éventail, monture ancienne, époque
Louis XVI, avec feuille moderne.

281 — Un éventail, genre ancien, en nacre sculptée et dorée.

282 à 291 — Dix montures anciennes du temps
de Louis XV, en ivoire sculpté.

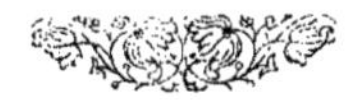